DISCOURS

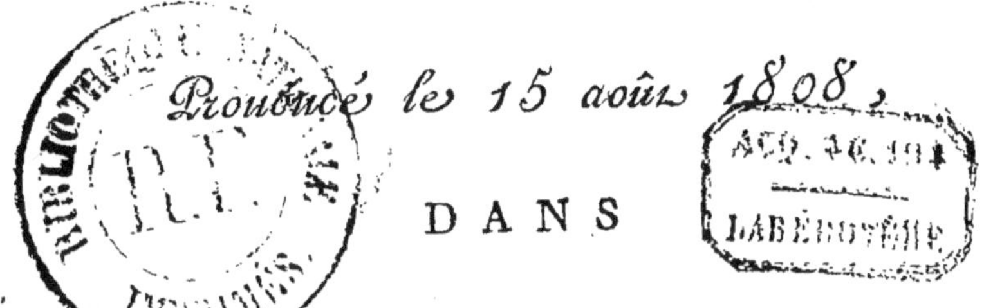

DANS

L'ÉGLISE MÉTROPOLITAINE

St ÉTIENNE,

Par M. GOFFRES, Curé de Lézat, Département
de l'Ariège.

A TOULOUSE,

Chez A. D. MANAVIT, Libraire-Imprimeur de
Monseigneur l'Archevêque et Sénateur.

DISCOURS

Prononcé le 15 août 1808, dans l'Eglise Métropolitaine St. Etienne.

Magnificavit eum Dominus, et dedit illi gloriam regni,
qualem nullus antè cum habuit rex.

Le Seigneur a comblé son règne d'une telle gloire,
qu'aucun de ceux qui ont gouverné avant lui n'en a
eu de semblable.
Du Livre des Paralipomènes, ch. 29.

MONSEIGNEUR,

J'étois donc destiné à retracer l'image
des talens et des vertus du plus grand des
Souverains; et l'éloge d'un des héros les plus
célèbres de l'Univers, sera prononcé par le
plus foible organe du ministère. Mais de
quels généreux efforts ne nous rend pas
capables le vif intérét que nous prenons
aux qualités brillantes de l'auguste Empereur, suscité de Dieu pour nous rendre
heureux ! L'héroïsme de ses actions, l'admiration qu'inspire son gouvernement, l'au-
ditoire le plus distingué, l'éloquence des
orateurs célèbres qui m'ont précédé dans

A

cette chaire, tout devoit me faire craindre d'échouer dans un sujet si important ; mais j'ai eu cette confiance, que le tableau de l'immortel Napoléon, quoique foiblement tracé, ne perdroit rien de la haute idée que tout français, digne de ce nom, doit en concevoir. En effet, rien ne peut obscurcir l'éclat de sa gloire, qui seul doit embellir le portrait des héros ; et si mes expressions ne répondent point à un sujet si grand et si relevé, les choses parleront assez d'elles-mêmes ; le simple récit de ses hauts faits suffira pour mériter à notre auguste Monarque, les plus pompeuses louanges, et établir sa célébrité : c'est dans sa propre vertu, c'est dans son propre cœur que je trouverai le sage et le héros ; c'est le cœur, mais un cœur magnanime et vertueux, qui fait l'excellence du mérite personnel, et par conséquent le prix réel des hommes illustres, et la solide gloire des Princes ; mais en vous le montrant comme le héros le plus célèbre, comme le souverain le plus attentif au bonheur de son peuple ; en louant Napoléon, je rendrai gloire à la grandeur et à la toute-puissance de Dieu qui en est l'auteur, et qui toujours sage dans ses arrangemens, mesure pour ainsi dire le ca-

(3)

ractère et la destinée des souverains , sur
la circonstance des temps et sur la situation
des empires où elle les place. *Magnificavit
eum Dominus* , etc.

I.*er* P. Ne vous attendez pas, MESSIEURS ,
que je remonte à cette époque où des
hommes , ennemis de tout ordre public ,
avoient osé , dans leur délire , mettre en
problème l'existence d'un dieu, et fronder
le consentement unanime des nations , dans
le culte qu'elles rendent à l'Etre-Supréme ,
pour introduire parmi nous les noirceurs ,
les fourberies , la mauvaise foi , la trahi-
son , l'esprit de trouble et de révolte ; à
cette époque, où l'ennemi avoit semé la
zizanie dans le champ du Seigneur , où la
lampe d'Israël alloit s'éteindre, où l'Arche
sainte étoit devenue la proie des Philistins ,
où les Temples de la religion furent scan-
daleusement profanés ou détruits , ses autels brisés , les tombeaux des morts violés,
les reliques vénérables des saints indigne-
ment foulées , l'abomination de la désola-
tion jusques dans le lieu saint ; à cette époque qui a fait verser des larmes à tant de
malheureux , et répandre le sang de tant de
français ; à cette époque enfin, où vous avez
vu tout l'enfer dans la France , et le prince

des ténèbres sorti de l'abyme, pour exercer sa barbare cruauté dans notre malheureuse patrie.

Mais graces immortelles vous soient rendues, ô mon Dieu ! votre main puissante soutint la France sur le bord du précipice où elle alloit tomber ; vous aviez rompu les fers qui tenoient enchaîné le dragon de l'Apocalypse, et il avoit entraîné dans son vol audacieux une partie des étoiles du ciel ; vous entendîtes les gémissemens de votre église, et nous jouissons enfin de l'héritage que les augustes défenseurs de la religion nous avoient acquis au prix de leur sang ; les périls qui auroient pu alarmer notre foiblesse n'existent plus ; ces grands obstacles qui exigeoient un courage plus qu'humain, ont été renversés par un héros que vous aviez fait naître pour relever les ruines du sanctuaire, et pour être le réparateur des maux incalculables dont nous avions été accablés, et que vous avez conduit au premier trône de l'Univers par les voies qui confondent notre prévoyance, et qui manifestent toute la profondeur de votre sagesse.

Pour vous en convaincre, MESSIEURS, je n'aurois qu'à vous décrire le grand nombre d'actions éclatantes en Italie, où, à la tête d'une armée découragée, inférieure à celle de l'ennemi, notre jeune Héros, rempli de confiance dans le Tout-Puissant, ne mettant en œuvre que les ressources qui fondent l'espérance du succès, annonce les talens et le génie d'un grand capitaine, s'élève déjà au-dessus des plus grands noms dans la première ardeur de sa jeunesse, et rend à la France sa prépondérance et son éclat. Je n'aurois qu'à vous le montrer sur les bords du Nil, renouvelant ces prodiges de valeur que nous avons eu tant d'occasions d'admirer, repoussant par-tout les barbares et renversant tout ce qui veut s'opposer à ses victoires. Et qui de nous peut méconnoître cette protection spéciale de l'Etre-Suprême, lorsqu'il quitte cette terre étrangère, qu'il échappe à la vigilance du plus cruel ennemi des français, et qu'il se rend aux cris de la patrie déchirée et sanglante! En effet, par-tout elle ne lui présente qu'une scène d'horreurs ; il voit les préjugés mis à la place des lois de la nature ; le peuple, victime de l'ambition des tyrans, la force étendant par-tout les chaînes de l'oppression, et ne laissant par-tout que des traces de sang et de carnage. L'image si douce de la félicité publique vient contraster avec le spectacle affreux des calamités qui frappent ses regards; son cœur se déchire à la vue des maux de ses concitoyens; il les peint avec cette éloquence qui naît de l'attendrissement et qui l'inspire; il intéresse les ames par le plaisir flatteur de concourir au bonheur de la nation, fatiguée des troubles de la liberté et accablée du poids de sa licence; il expose sa vie pour s'acquitter envers elle, et nous délivrer de ces lois désastreuses et sanguinaires, bien dignes de ces cinq hommes atroces et barbares qui s'étudioient à surpasser en cruauté le Néron de la France. La patrie qui l'observe, s'écrie avec transport : voilà celui qui est digne de commander aux hommes, puisqu'il les aime, qu'il plaint leurs infortunes et lui confie ses plus grands intéréts.

A peine NAPOLÉON est revétu de la suprême magistrature, qu'il rétablit la paix dans cette province malheureuse, depuis plusieurs années le théâtre des dévastations et des horreurs, et qu'il va s'exposer encore pour nous la procurer au dehors. Après des succès prodigieux, maître de Milan et de Plaisance, il va s'immortaliser aux plaines de Marengo, où, par des attaques aussi brusques qu'impétueuses, il paroît comme un de ces hommes destinés à maîtriser les événemens et à entraîner la victoire ; déconcerte un ennemi qui se croyoit déjà victorieux, et le force à faire cesser le combat. Une paix générale suit bientôt cette mémorable journée si féconde en grands événemens, et le sort de l'Italie est décidé. Bien différent de ces vainqueurs enivrés du succès, et qui attribuent tout à leurs talens, Napoléon reconnoît la protection de cette Providence qui abat quand elle veut les trophées qu'elle élève, entre dans la métropole de Milan, se prosterne devant le Dieu qui donne la victoire, et lui fait le sacrifice de sa gloire avec cette modestie qui en relève l'éclat.

Rendu à sa patrie dont il étoit la plus douce espérance ; capable des plus grands projets, les méditant en politique profond, les exécutant avec prudence par les négociations les plus sages et les plus heureuses, il fixe le sort de l'Italie et de l'Allemagne, et rend la paix à l'Europe, depuis long-temps agitée et déchirée par les horreurs d'une guerre sanglante ; son amour pour ses concitoyens donne à son ame toute l'énergie pour ne pas succomber sous le poids d'une administration pénible.

La France jouissoit à peine des fruits d'une paix glorieuse et des bienfaits d'un gouvernement sage et modéré, que des hommes pervers, atroces et sanguinaires conspirent contre la vie de notre jeune héros ; mais en vain l'enfer leur fournit-il les moyens les plus meurtriers, l'ange tutélaire de la France arréte les effets de cette machine exécrable, et le couvre de son invincible bouclier : mais jetons un voile sur un récit qui renouvelle nos anciennes terreurs ; ne les rappelons que pour bénir la main du Tout-Puissant, qui éloigna la mort d'une tête si chère. Graces vous soient rendues, ô mon Dieu, de tous les secours que vous lui avez prodiguez pour le bonheur de notre empire !

Et c'est ici, Messieurs, le moment marqué par la Providence ; c'est le moment des prodiges et des révolutions étonnantes. Celui qui tient dans sa main le cœur des rois, prononce cet arrét qui fixe les destinées de la France ; il dit du haut des Cieux : je suis le Seigneur ; j'ai créé la terre par ma puissance ; elle n'appartient qu'à moi seul ; je la donne à gouverner à qui il me plaît et pour le temps qu'il me plaît, parce que les rois et les peuples sont également assujettis à mon empire, *et dedi eam ei qui placuit in oculis meis*. Et un citoyen digne de régner, plus effrayé de la grandeur des devoirs qu'ébloui de l'éclat du trône, ne desirant que la paix, ne cherchant que le bien de sa patrie, libre des vues de l'ambition, cède à la nécessité de donner un chef à l'état prêt à périr par un enchaînement de troubles, et NAPOLÉON se voit élevé sur le trône par le consentement unanime de la nation, et par la seule impression que ses vertus font sur le cœur des français ; et un nouveau Samuël, conservateur zélé de la saine doctrine et du dépôt de la vérité, aussi digne de nos respects et de notre soumission par sa science et sa piété, que par la place éminente qu'il occupe, consacre par l'onction sainte celui que Dieu a établi pour être le chef et le sauveur de son peuple ; et la Providence qui veille sur le sort des nations, le fit paroître sur le trône comme l'astre bienfaisant dont les heureux rayons annoncent aux mortels que les orages funestes qui demeurent suspendus sur leurs têtes timides, vont enfin se dissiper.

Cependant celui qui donne la paix et la guerre, permet que la félicité des français soit interrompue. Une nation ambitieuse et jalouse, qui étend ses ressorts et ses intrigues dans tout l'Univers, souffle le feu de la discorde. Un empereur asservi à l'or de cette puissance, pleine d'artifice et d'obscurité, fier des secours qu'il attend du nord, ne craint point de violer la foi des traités et d'envahir les états d'un prince notre allié. Napoléon, occupé des moyens de punir ce peuple orgueilleux qui ose insulter son pavillon et troubler le commerce de ses sujets, vole à la tête de ses troupes, fond sur l'ennemi avec la vîtesse de l'aigle, l'étonne par son intrépidité, le renverse et rétablit l'électeur de Bavière dans ses états ; et Napoléon qui sait que *tout vient de Dieu*, nous demande d'*adresser des remercîmens au Dieu des armées et de l'implorer, afin qu'il soit constamment avec lui et avec son peuple.* Et l'Eglise pourroit-elle être indifférente aux prospérités de l'état et à la gloire du trône ? Elle honore dans les souverains l'image de Dieu et les ministres de sa puissance ; elle sait qu'étant les pères de leur peuple, les protecteurs de leurs alliés, les arbitres des différens de la terre, il n'est pas moins de leur devoir que de leur grandeur, d'y rétablir l'ordre, le droit des gens, la justice ; et loin de blâmer en eux les conquêtes lé-

gitimes , elle bénit leurs drapeaux et consacre leurs trophées.

Nos vœux sont exaucés ; cette armée tran-
gère et barbare , venue au secours d'un empereur affoibli par des pertes multipliées ,
qui s'étoit promis de tout renverser , éprouve
elle-même une défaite presque totale , défaite
qui rendra à jamais mémorable le camp
d'Austerlits ; et notre invincible héros , aussi
habile politique qu'intrépide guerrier , force
deux empereurs à faire , comme il nous
l'avoit promis , *une paix digne du peuple
français et de lui* , et l'Allemagne n'offre
plus à la France que des amis ou des alliés.

Déjà les vœux des français rappeloient
leur auguste Empereur dans sa capitale , et
la nation , qui avoit admiré son courage ,
attendoit le bonheur de ses vertus ; Napoléon
lui-même se réjouissoit d'un avenir plus
calme , et toute son attention étoit fixée sur
l'administration intérieure , lorsque ce gouvernement , qui paroît s'être éternellement
voué aux passions haineuses , toujours cons-
tant à chercher sa propre sureté dans le
malheur de l'Europe et à calculer ses propres intéréts sur la ruine de ses alliés , parvient à rallumer de nouveau le flambeau de
la guerre. Des cris hostiles se font entendre ;

l'orage se forme et s'augmente de toutes parts ; le héros immortel de la France part *pour défendre le bien le plus précieux de son peuple, l'honneur.* Le roi de Prusse croit le surprendre, et il est déjà à la tête de cette armée, dont les nobles efforts ont tant illustré la nation, et dont la gloire, l'intrépidité et le dévouement patriotique seront transmis aux siècles les plus reculés ; il fond sur l'ennemi avec sa rapidité ordinaire, renouvelle à Jena l'anniversaire de la mémorable victoire d'Ulm, et le force à abandonner un camp avantageux ; jamais homme ne fit paroître une confiance plus héroïque. Le roi de Prusse lui-même, témoin de la déroute de son armée, ne trouve son salut que dans la fuite ; ainsi un seul jour détruit pour la Prusse tout ce qu'un siècle de succès lui avoit donné d'influence. Erfurt et Weymar ouvrent leurs portes, et c'est à Berlin que Napoléon témoigne sa satisfaction aux troupes victorieuses ; c'est là que par un trait de clémence qui fit autant éclater l'élévation de son ame que sa bonté, il parut comme un dieu bienfaisant aux ennemis, étonnés de sa facilité à pardonner, et ne laissa à un prince coupable que le regret de l'avoir trahi. Adorons dans ces divers événemens le bras de ce dieu puissant qui domine tout, qui tient la chaîne des pensées et des actions, qui se sert de notre prudence, de nos vices et de nos vertus, pour exécuter ses desseins de vengeance ou de miséricorde. *Unus est altissimus et dominans Deus.*

Et ici, MESSIEURS, qu'il est beau de voir notre Auguste EMPEREUR descendre de son char de triomphe, cacher sa gloire aux ennemis vaincus, ne leur montrer que sa générosité et affecter même d'oublier ses succès, pour les obliger à recevoir leur bonheur en leur offrant la paix. Et la postérité pourra-t-elle le croire? Le vaincu la refuse. Celui, comme dit le saint homme Job, qui brise, quand il veut, les sceptres des rois, qui traîne ses pontifes dans la poussière, renverse les grands pour élever les petits, multiplie les nations, les détruit, et rétablit celles qu'il avoit détruites, ménage au héros qu'il protège, cette occasion de déployer sa valeur, sa grandeur d'ame, et sur-tout cette générosité qui n'a point d'exemple.

En vain le Russe rassemble ses forces pour soutenir les débris d'une armée fugitive, il éprouvera le sort du prince qu'il veut défendre. NAPOLÉON, malgré les obstacles qu'opposent les lieux, les saisons et les hommes, à la tête de ses soldats infatigables, bravant comme leur chef les glaces du nord, rend immortel le camp d'Eylau, par une suite non interrompue de combats et de victoires ; et Danzick, cette ville autrefois si célèbre par sa fidélité à son roi, une des plus remarquables par ses richesses et son commerce, ne put tenir contre les efforts prodigieux des français. Dieu des armées, vous veilliez au salut de notre empire, lorsque tout sembloit conspirer à sa perte. Soyez donc exalté dans nos chants de triomphe, et que toute la France célèbre par des saints concerts, votre puissance, vos merveilles, vos miséricordes, vos bienfaits et notre reconnoissance !

Je ne suivrai pas mon héros au milieu de tant de chocs et de batailles ; tant d'actions militaires se pressent, s'embarrassent sous ma plume, peu accoutumée à peindre les combats. Et comment pouvoir tracer dans vos esprits un plan même racourci de toutes les contrées que sa valeur rapide lui a fait parcourir, et marquer sans confusion dans vos pensées toutes les actions de ce guerrier intrépide ? Tout tremble ou se réjouit dans

l'Europe ; on diroit que NAPOLÉON fait
seul les destinées de l'Univers ; et que voit-on
en effet dans l'histoire, qui approche de
tant de merveilles ! Et en est-il de plus
conséquente pour nous, que la mémorable
journée de Friedland ? C'est là qu'on a pu
admirer cette prudence, cette pénétration
du génie, les prodiges de valeur, qui portent
à son comble la gloire de notre monarque ;
c'est là qu'on a pu apercevoir que le devoir
seul commandoit à son ardeur guerrière,
et que l'amour des hommes dominoit dans
son cœur, lorsque ses mains étoient tein-
tes de leur sang. C'est là enfin, que nous
avons vu le terme des longues calamités
d'une guerre si souvent renouvelée ; en
vain la victoire se montre encore aux yeux de
NAPOLÉON ; il ne se laisse point éblouir
par l'éclat qui l'accompagne, l'amour de
son peuple enchaîne sa valeur ; comme il
n'est souverain que pour les français, il
ne veut être héros que pour eux ; aussi re-
nonce-t-il aux plus justes triomphes dès qu'il
faut les acheter encore au prix du sang et
de la félicité de ses sujets. Le sacrifice qu'il
fait de sa propre gloire, même au milieu
de ses victoires les plus signalées, sera mis
au nombre de ses plus grands bienfaits ;

et nous jouirons au sein d'une paix durable,
des précieux avantages attachés aux plus
grands exploits.

Libre des desseins ambitieux qu'on lui
supposoit, NAPOLÉON, par son désintéressement, force à l'admiration ceux qu'il a
étonnés par son intrépidité ; il renverse, crée
et relève des trônes ; il fait servir ses con-
quétes à l'affranchissement des vaincus ; il
rétablit sur les bords de la Vistule l'humanité dans ses priviléges ; il restitue à des
peuples, toujours malheureux par les principes même de leur constitution, leur patrie, que l'anarchie leur avoit enlevé ; il
rend à une ville libre, ses droits si ancien-
nement consacrés ; il venge la maison de
Saxe d'un demi siècle d'outrages ; il fonde
cette fameuse confédération du Rhin ; il
rétablit par un autre lui-même l'ordre et
la paix chez nos voisins, qui, quoique té-
moins des tempétes qui avoient agité la
France, s'étoient privés par eux-mémes des
moyens de tranquillité et de salut ; il fixe
dans le sein de l'empire, de tous les temps
l'asile des rois malheureux, la retraite et la
destinée d'une famille royale, digne par ses
vertus de partager nos prospérités ; et enfin
il donne à l'Europe une paix, cimentée par
l'entrevue

l'entrevue de deux puissans Monarques, qui offrent dans le témoignage de leur union, un solide garant du repos de la terre. Puisse celui qui seul maîtrise les événemens, seconder leurs vœux et maintenir cet accord d'où dépend le bonheur des humains !

Cette époque de notre histoire, à jamais mémorable dans ses fastes, sera dans son ensemble une des plus brillantes périodes de la monarchie française, capable toute seule d'illustrer un règne, de le caractériser et de le distinguer dans les annales du monde. Non, jamais cet empire n'avoit été aussi florissant, aussi puissant, aussi redouté ; jamais il n'avoit été à un aussi haut point de gloire et de grandeur ; jamais il n'avoit été plus fécond en grands hommes, et aussi célèbre en fameux événemens. *Magnificavit eum Dominus*, etc.

C'est là, MESSIEURS, un foible abrégé des faits merveilleux qui illustrent les premières années du règne du héros qui a dicté des lois à une grande partie de l'Univers ; ils sont présens à votre mémoire, et la plus sublime éloquence sera toujours loin des précieux souvenirs qu'ils vous ont laissé. En effet, tout ce qui embellit la gloire des héros, tout ce qui fixe l'administration des hom-

mes, tout ce qui force leur estime se trouve
en lui ; et toutes les qualités de son cœur
sont relevées par l'étendue de ses connoissances, la vivacité, la pénétration, la su-
blimité de son génie. Et quel est le français
qui ne se sente fier de sa propre gloire, en
exaltant celle de son souverain !

Des éloges qui semblent l'élever au-dessus des mortels, ne sont pas l'effet du merveilleux ou d'une admiration aveugle ; ils
sont fondés sur des victoires à jamais mé-
morables, sur ce noble désintéressement qui
l'élève au-dessus de sa propre gloire ; sur
la conception et l'exécution des travaux im-
mortels qui ont placé la nation française
au premier rang des peuples civilisés ; sur
l'établissement de ce grand système politique, qui nous unit au reste de l'Europe,
par des convenances réciproques ; système
impérissable, parce qu'il n'a d'autre base
que le bonheur des nations ; enfin ils sont
fondés sur l'amour de NAPOLÉON pour son
peuple. Et fut-il jamais de souverain qui
se soit plus efficacement occupé à rendre
ses sujets heureux ? Aussi après avoir admiré les qualités brillantes qui font le grand
politique, le grand guerrier, nous ne se-
rons pas moins touchés de cette vertu douce

qui rend le prince attentif à notre félicité.

IIe P. Telle est, MESSIEURS, la sublime condition des maîtres de la terre, qu'élevés au-dessus des autres hommes pour les rendre heureux, ils ne peuvent trouver de satisfaction solide que dans le bonheur des peuples. Souverain de leurs sujets, ils doivent en être les pères ; et tel est le tableau frappant que nous présente déjà la vie de l'auguste EMPEREUR qui nous gouverne, dont la plus forte passion est d'être utile aux hommes, et qui joint à cet enthousiasme du bien qui fermente dans les grandes ames, cette sagesse qui perfectionne l'art de faire des heureux et multiplie les ressources. Parcourons rapidement, MESSIEURS, ce qu'il a déjà fait au-dedans de l'empire pour le bonheur des français ; ses actions peindront mieux la bienfaisance que mes discours, et vous vous convaincrez que son règne n'a pour objet que la félicité publique ; et qu'après avoir étonné l'Univers par l'éclat prodigieux de ses victoires, il parvient, en gagnant les cœurs par le bien qu'il procure à son peuple, à cette gloire que l'Esprit-Saint consacre et qui est la plus solide où les souverains puissent atteindre ; *in mansuetudine opera perfice, et super gloriam hominum diligeris.*

Convaincu de la nécessité de faire renaître
dans l'intérieur de l'empire ces mœurs pures qui sont le fondement des vertus sociales,
et qui peuvent assurer l'union et le bonheur
des hommes, et conséquemment d'arrêter
les efforts d'une vaine philosophie, qui ne
voit dans l'homme qu'un vil amas de poussière, qui ne tend qu'à relâcher tous les
liens de la société, à laisser les peuples sans
principes et la vertu sans appui, d'une philosophie criminelle qui, dans son délire, s'é-
toit promis de détruire cette religion qui
porte l'empreinte de la Divinité, qui sub-
siste dès l'origine du monde, et qui subsis-
tera au milieu de la révolution des âges, de
la dissolution des empires, des efforts de
toutes les passions. Convaincu de l'influence
de la religion sur les mœurs, NAPOLÉON
s'élève avec force contre ces impies qui vou-
droient la confondre avec un culte servile
et superstitieux ; met tous ses soins à rétablir parmi les français cette religion douce
et bienfaisante qui resserre, par les motifs
de la charité, tous les liens du devoir; cette
religion qui commande toujours le respect
des lois et la soumission à l'autorité; cette
morale si pure dont le seul but est de plaire
à Dieu, dont le seul moyen est d'aimer les

hommes. Sans entrer dans le sanctuaire pour y donner des lois , son zèle embrasse tout ce qui peut affermir cette religion dans l'esprit des peuples. Apercevant le mal que les passions avoient fait par des voies irrégulières et scandaleuses , et le bien que le siége apostolique , le centre de l'unité auquel tout vrai catholique doit être sincèrement soumis , fait toujours par les voies canoniques , il s'adresse au successeur de St. Pierre , l'oracle de la religion et l'organe de la Divinité , qui , sans blesser ni l'intégrité du dogme ni la pureté de la morale , concilie les droits de l'ordre ecclésiastique et ceux de l'ordre civil. Et ici , que de sages précautions pour arrêter les funestes effets que produit cette ardeur de parti , qui aigrit les esprits et tyrannise les cœurs ; pour rendre à la France le culte catholique ; pour rétablir l'heureux règne de la paix ; pour former une nouvelle hiérarchie , et pour éteindre des malheureuses querelles qui n'avoient déjà que trop long-temps blessé la charité , divisé les pasteurs et troublé le repos des fidelles ; dissentions funestes , maintenant sans doute dignes d'un oubli éternel !..... Et en effet, ministres de Jesus-Christ , pourroit-il s'en trouver parmi nous qui fussent assez pré-

somptueux pour préférer aux avantages so-
lides de la vérité, la gloire d'élever des sys-
tèmes et de défendre des paradoxes ? Pourroit-il s'en trouver qui, par entêtement,
voulussent consacrer en quelque sorte les
chimères qui sont leur ouvrage, ébranler les
fondemens du culte, développer dans des
âmes foibles le goût de l'indépendance, rom-
pre le lien respectable, le lien sacré que
la religion a formé de nouveau entre les
brebis et les pasteurs, et étendre l'erreur
sous prétexte de dissiper l'ignorance ? Puisse
l'amour de la religion nous convaincre de
la nécessité de sacrifier nos lumières à l'autorité, ramener la paix dans l'église en réu-
nissant tous les cœurs aux pieds du trône
et de l'autel !

A peine l'union et la concorde ont-elles
succédé aux divisions et aux troubles, que
nos temples sont rouverts et nos autels relevés. Les ministres qui avoient mieux aimé
tout sacrifier qu'abjurer les sermens solen-
nels qu'ils avoient prêté aux pieds des autels, sont rendus à leur patrie ; le culte re-
prend un extérieur digne de la majesté du
Tout-Puissant, et la sainte Sion se pare peu
à peu de ses charmes. Heureux et mille fois
heureux, ô mon Dieu, ce grand jour où vous

avez résolu de délivrer les captifs d'Israël et de Juda, de consoler votre peuple et d'apprendre à toutes les nations que vous êtes le Seigneur !

Et alors quelle attention pour remplir les charges pastorales, pour ne choisir que des ministres distingués par la piété, par la science, par le zèle et par toutes les vertus qui conviennent à l'épiscopat ! Telles sont les qualités de l'illustre pontife qui gouverne ce diocèse, si cher à son peuple par sa droiture, par son désintéressement, par cette activité constante dans de pénibles devoirs, par sa patience et sa fermeté à vaincre l'obstination, par cette bonté qui se montre affable envers tous, et par cette noble simplicité qui est comme un reste des anciennes mœurs.

Par les soins et les libéralités du chef de l'état, les tombeaux de nos anciens maîtres sont relevés ; des pontifes, célèbres par leurs vertus, sont chargés de répandre, pour le repos de ces grandes ames, le sang de l'agneau dans un temple qui porte jusqu'au Ciel le témoignage de sa magnificence ; par ses ordres, des hommes apostoliques, semblables à ces nuées bienfaisantes portées sur les ailes des vents pour fertiliser les campagnes, parcourent des contrées étrangères et barbares pour y féconder par la parole sainte toutes les semences des vertus. Ainsi se réalise cette promesse solennelle du vainqueur de Marengo, *lorsque tout couvert encore de la poussière du champ de bataille, sa première pensée, son premier soin fut pour le rétablissement de l'ordre et de la paix dans l'église de France.*

C'est donc à sa sagesse que vous devrez, heureuse Eglise, d'être sortie du sein des ténèbres et de vous montrer aujourd'hui, comme l'aurore, revêtue des ornemens de votre gloire ! c'est à sa sagesse que vous devez ces dignes coopérateurs du ministère apostolique, qui font aimer la religion et respecter la foi ; les membres de ce chapitre, où les talens et les vertus se réunissent pour donner plus d'éclat au sanctuaire, et ces pasteurs zélés, uniquement occupés à instruire et à sanctifier les ames confiées à la vigilance de leurs soins ! Et pourriez-vous jamais oublier que c'est à ses bienfaits annuels, qui réparent en faveur des talens et de la vertu l'injustice de la fortune, que vous devrez encore l'éducation de ces jeunes lévites qui, par la pureté de leurs mœurs et l'étendue de leurs connoissances, seront le sel de la terre et la lumière du monde.

La bienfaisance de l'homme privé n'est
que l'effet de cette sensibilité vive , qui s'at-
tendrit à l'aspect des malheureux ; c'est assez pour elle de chercher des remèdes aux
maux qu'elle aperçoit ; rarement elle les pré-
vient , et jamais elle ne s'élève à ces vues
générales qui embrassent le système de la
félicité publique ; c'est l'ame du prince qui
doit s'occuper de ces grands objets. Et quelles lumières sont nécessaires pour former
le plan de la meilleure constitution d'un
état ! quelle étendue de génie pour saisir l'ensemble , le bien organiser ; observer les
maux et étudier les ressources ; lever les
obstacles qui étouffent l'industrie ; ouvrir
toutes les sources de l'abondance ; diriger
par les lumières du talent l'activité du tra-
vail ; encourager tous les arts , et chercher
sur-tout des bras pour fertiliser les terres ;
rechercher l'influence que les causes morales
peuvent avoir sur le bonheur d'un état ;
réprimer sur-tout les vices qui amollissent ;
veiller à la conservation des bonnes mœurs ,
sans lesquelles un peuple est toujours malheureux ; rendre utile au bien général l'intérét même particulier qui semble s'y opposer ; enfin parcourir l'immense étendue du
possible ; rassembler toutes les forces , tou-

tes les lumières , et les faire concourir au bonheur des hommes. Tel est le vaste plan que Napoléon embrasse , et qu'il a déjà presque exécuté pour la félicité publique.

Peindrai-je ici , Messieurs , cette compassion tendre qui ouvre son cœur à toute espèce de misères ? Que de malheureux dont il a brisé les chaînes , et que sa main puissante a rendu à leurs familles ! Rapprocherai-je de vos regards tous les lieux consacrés par sa bienfaisance au soulagement de l'humanité , où sont réunis tous les âges et toutes les infirmités de la vie , et où la mort multiplie à chaque pas ses lugubres trophées? C'est là que les membres de ces congrégations charitables , où le service des pauvres se confond avec le service de Dieu , que les humbles filles de *Vincent de Paul*, que la rage de nos tyrans avoient également proscrit, et que le restaurateur de la France a rétabli dans cette dignité si touchante , procurent par ses largesses , aux uns des remèdes pour soulager les maux du corps, aux autres les consolations de l'esprit et les secours pour la conscience. Ah ! la même main qui dirigeoit nos armées invincibles, signoit au même instant des décrets en faveur du malheur et de l'indigence.

Loin de fermer les yeux sur les maux publics, ou de chercher dans un abord inaccessible le secret de les ignorer, il veut en connoître toute l'étendue ; et pour y réussir, il établit des hommes dignes de sa confiance, pour écouter les plaintes des malheureux, examiner leurs demandes, peser leurs services et porter aux pieds du trône leurs prières et leurs espérances. Il ne veut pas que par sa faute il y ait des malheureux sous son règne ; il veut faire du bien à tous, et faire la félicité du moindre de ses sujets. Trouvant ainsi le moyen de soulager l'infortune, NAPOLÉON jouit du plaisir de la grandeur, du plaisir si doux de faire des heureux, plaisir pur et toujours nouveau ; plaisir d'une belle ame, seul capable de faire supporter le poids d'une couronne et de soutenir le prince dans les pénibles devoirs de la souveraineté : aussi à peine des temps de calme et de paix lui permettent-ils de suivre les mouvemens généreux de son amour, qu'il répare l'épuisement de son peuple par la diminution des subsides ; et ne craignez pas qu'une si belle vie se démente jamais ; ne craignez pas de voir tant de bonté et tant d'activité se rallentir ou s'épuiser jamais. Les soins de ce prince bienfaisant seront toujours les mémes ; toujours il pourvoira aux besoins de son peuple ; il le conduira avec la méme exactitude ; il le gardera avec la méme vigilance ; il le traitera avec la méme affection et le défendra avec le méme courage. Peuple français, ah! vous étes l'unique objet de ses veilles ; et dans ces jours et ces nuits qu'il consacre aux pénibles travaux de l'administration, il ne voit entre vous et lui que la sainte image du devoir. Recevez ici, ô mon Dieu, nos plus solennelles actions de graces ! Vous nous avez donné un souverain selon votre cœur, en qui vous avez mis une effusion de votre bienfaisance infinie, qui s'oublie lui-méme pour se consacrer entièrement au bien général, et qui pourvoit à la félicité de ses sujets aux dépens de ses biens, de son repos, de sa vie méme.

Telle est l'application constante de Napoléon à tous les devoirs de la souveraineté. Sa vigilance s'étend à tout, répare ce qui ne peut étre changé, porte la main pour soutenir ce qu'il ne faut pas renverser, et nous donne des lois les plus conformes à l'équité naturelle, à la tranquillité publique, à la propriété des biens, à la sureté des personnes.

Il régénère les mœurs des Juifs, ce peuple

souvent proscrit , toujours méprisé , remplissant l'univers de ses débris et de ses usures, les rend utiles à l'empire et dignes de porter le nom Français..... Il réprime par des lois sages et sévères , provoquées par une juste indignation , le scandale toujours croissant de l'usure , ce vice odieux qui compte pour rien le déshonneur et qui ne fonde ses calculs que sur la ruine des familles, sur les besoins, les larmes, et enfin sur les dépouilles de la veuve et de l'orphelin..... Il excite l'industrie nationale ; il ranime par de sages règlemens le commerce languissant , une des professions les plus utiles et les plus honorables ; il lui rend son antique loyauté, et livre la fraude et les accords forcés qui toujours dépouillent le créancier, à la vengeance publique.

Et que ne devrons-nous pas à la magnificence d'un prince , qui donne au monde l'exemple trop rare de cultiver et d'honorer les talens ? Persuadé que les lettres adoucissent les mœurs, et que les lumières bien dirigées donnent plus d'éclat à la vertu, il crée divers établissemens qui embrassent tout le système de l'éducation publique. Là par la munificence nationale sont établis des maîtres propres à répandre au loin le goût des sciences et des lettres, et à former tout à la fois les talens et les mœurs. Ici on fait revivre ces sages institutions, qui rendoient publique à Lacédémone, l'éducation guerrière, où le fils du héros sent qu'il est né pour imiter les vertus de ses ancêtres, et s'embrase au nom sacré de la patrie, qui forme sa jeunesse. Là par les leçons et les exemples de ses vierges chrétiennes, qui joignent les fonctions de Marthe à la contemplation de Marie, des jeunes cœurs sont élevés dans la piété, dans la vertu et dans tous les devoirs analogues à leur état et à leur sexe. Ici par l'attention du souverain à l'œil duquel rien n'échappe, cette classe d'hommes, qui semble être condamnée par la naissance et le préjugé à l'ignorance et à sa mauvaise fortune, pourra trouver souvent la route d'un meilleur sort, et toujours le moyen de devenir plus utile à l'état. Enfin Napoléon met tout en œuvre pour ressusciter la morale publique, parce qu'il sait que sans elle les nations qui jettent le plus d'éclat, n'ont point de grandeur réelle, de puissance solide, de prospérité durable. Il s'attend (et quel est le pasteur qui pourrroit se refuser à un devoir si essentiel !) que nous le seconderons dans ses vues paternelles, *nous dont la présence et les fonctions sont une sorte d'enseignement continuel de la première de toutes les sciences, l'amour du bien et la pratique des vertus.*

Quels priviléges accordés aux généreux défenseurs de la patrie ! quelles grandes vues pour que l'honneur, l'estime soient toujours leur partage ; et pour exciter leur valeur par des récompenses, il crée pour la décoration du trône, des places éminentes, des emplois éclatans auxquels on n'est appelé que par les droits du mérite ; il crée des titres, mais qui ne serviront désormais qu'à signaler à la reconnoissance publique, ceux qui se sont déjà signalés par leurs services, par leur dévouement au prince et à la patrie ; distinctions qui, ne devant être accordées qu'au mérite éprouvé, seront pour la France une source durable de gloire et de prospérité. Ces nobles institutions, réunies à celles de la légion d'honneur, enflammeront nos soldats et leur feront porter dans nos armées cette ardeur de la gloire, excitée moins par les encouragemens que par les exemples du chef. C'est à ces récompenses honorables, le prix des actions utiles et glorieuses, que vous êtes appelés, vaillans guerriers, et qu'a déjà mérité le général intrépide qui vous commande , aussi distingué par ses qualités personnelles que par son élévation aux grades éminens de l'ordre militaire. Et qu'il est glorieux de les devoir à un prince juste et éclairé !

Et quel discernement dans le choix des grands hommes qu'il juge les plus utiles à l'état , et les plus propres à seconder ses vues , dans le choix de ses ministres qui , à l'exemple du maître et sous ses ordres , s'occupent avec tant de succès du bonheur de l'humanité en général et de celui de la France en particulier ! quelle attention scrupuleuse pour que la distribution de la justice ne soit confiée qu'à des mains pures , à des hommes d'une réputation intègre , d'une vertu reconnue et attestée par la voix publique ! C'est à ses sages précautions que vous devez, MESSIEURS , ces augustes dépositaires des lois , dont le zèle pour l'équité attire la confiance et affermit l'ordre public ; présidés par ce magistrat irréprochable, si capable de remplir les nobles fonctions de chef de la justice , et d'en prononcer les oracles par la supériorité de son génie et par l'élévation de ses sentimens ; c'est à ses sages précautions que vous devez ce chef vigilant de l'administration , qui dirige sans

cesse

cesse l'étendue de ses talens et de ses connoissances vers le bien public, plus attentif à se rendre utile qu'à se faire admirer, et dont le zèle infatigable pour la religion et pour la patrie, est si bien secondé par les soins de ce citoyen ferme et éclairé, qui met toute son attention à faire régner la paix, le bon ordre et la prospérité dans cette ville, le centre des talens, et célèbre par cet asyle des Muses qui rassemble les maîtres du goût.

L'humble toit de vos chaumières ne vous a point dérobé aux regards bienfaisans de NAPOLÉON, laborieux habitans de nos campagnes, qui nous défendez avec votre sang et qui nous nourrissez de vos sueurs; il vous regarde comme les bienfaiteurs de l'humanité, aussi ses vues se sont souvent tournées vers l'économie rurale; il veut ranimer vos cœurs flétris par la misère, féconder vos campagnes et y répandre la joie, la sérénité et l'abondance; ainsi sera réalisée, sera même surpassée la promesse de ce vaillant et bon roi, qui conquit en même-temps la France et le cœur des français. Soyez donc fidèles à votre prince; croyez qu'il vous aime et qu'il veut vous rendre heureux; que le sentiment de ses bontés vous console dans les plus pénibles travaux!

C

Avec quelle activité notre infatigable Empereur ne travaille-t-il point à rétablir la splendeur et la prospérité de la monarchie; il consacre les fruits glorieux de son loisir à donner des embellissemens aux villes; à faire élever un temple célèbre qui perpétue les noms et la gloire de ces braves citoyens qui se sont sacrifiés pour la défense de l'état; à combler de ses bienfaits et honorer de sa familiarité ces hommes rares dont les noms déjà célébrés par la voix des nations, seront transmis à la postérité par les productions du génie; à interroger les artistes, à examiner leurs plans, à diriger l'art même dans la construction de tous ces édifices plublics, qui attestent la grandeur de la nation, le goût et la magnificence du prince qui la gouverne.

Tels sont, Messieurs, les effets de l'administration du héros libérateur, dont l'incomparable génie, d'un coup d'œil, sonde et devine les hommes, comme il maîtrise les événemens, et qui doit ses plus grands succès à l'amour de ses sujets, à la persuasion de sa sagesse et à la confiance qu'inspirent ses vertus; ce sont là les plus fermes appuis du trône. Le citoyen aisé, plus assuré de ses propriétés sous la protection des lois,

ne craint plus de laisser une postérité malheureuse, et le pauvre emporte avec lui la douce
espérance que ses enfans seront heureux
sous un tel règne, en leur laissant pour
héritage le cœur d'un prince qui s'atten-
drit sur toutes les misères. Semblable en
effet à ces torrens qui, resserrés au milieu des rochers, s'étendent dès qu'ils ont
franchi ces obstacles, et prennent un cours
majestueux et tranquille : la bienfaisance
de Napoléon, après avoir forcé ses ennemis
à la paix, se répand sur-tout l'empire, prend
toute sorte de formes, semble étendre l'art
de faire le bien et porte par-tout l'abondance.
Tout ce qui peut augmenter la tendresse
des français pour leurs souverains, se réunit
dans ce monarque, pour le rendre maître
de tous les cœurs ; chacun bénit dans le sein
de sa famille l'auteur de tant de biens ; et
Napoléon entouré de ses sujets, comme
un père de ses enfans, fixant tous leurs
regards, jouit des véritables délices du trône,
du glorieux, de l'agréable tribut de reconnoissance de la nation entière. *In mansuetudine opera perfice, et super gloriam hominum diligeris.*

Unissons donc, Messieurs, en ce jour so-
lennel, unissons nos cœurs et nos voix aux

saints cantiques de l'église et aux vœux de
la patrie ; réjouissons-nous avec elle d'être
gouvernés par un souverain qui a tout enchaîné par la terreur de ses armes , et qui
entraîne tous les cœurs par la sagesse de son
administration ; il vient d'apprendre pour
son bonheur et pour le nôtre, tout ce que son
bon peuple fait paroître de reconnoissance
et d'attachement pour sa personne sacrée !
Que cette affection de ses sujets nous rende
encore plus chers à son cœur ! Qu'il triomphe de ses ennemis et conséquemment des
nôtres ! Qu'il vive , et que ses jours soient
prolongés au-delà des bornes qui termi-
nent la vie des autres hommes. Tel est
dans ce jour mémorable , comme autrefois
en Israël, le vœu universel de la nation,
le cri général de la France, REX IN AETER-
NUM VIVE !

Daignez , Vierge triomphante , auguste
patrone de la France, le présenter au Dieu
tout-puissant, ce vœu sincère, que l'église
et la patrie forment de concert. Du haut
des Cieux , jetez un regard de protection sur
cette monarchie , qui se voue et se consacre
à vous, et qui vous renouvelle le tribut annuel
de son hommage et de sa vénération ; con-
servez par vos prières le monarque précieux

qui règne sur nous ; soyez l'appui de son trône et la défense de son empire.

Veillez encore sur les jours d'une IMPÉRA-TRICE qui fait l'ornement du sceptre , le bonheur du plus grand des Monarques et les délices de la France.

Unissez vos prières à celles de Marie , illustre martyr dont il nous est permis de solenniser la fête avec celle de la Reine des Saints ; puissant protecteur de notre Auguste EMPEREUR , faites par votre intercession que le dispensateur suprême des sceptres et des couronnes , principe de toute autorité légi-time , règle et modèle de tout sage gouverne-ment, répande sur le prince que nous devons à sa miséricorde , ses plus abondantes béné-dictions ; qu'il le rende heureux , afin que nous le soyons ; qu'il ajoute à ses vertus l'éclat immortel de sa justice, et lui accorde , ainsi qu'à ses sujets, cette glorieuse immor-talité , le prix de la bienfaisance , de cette vertu qui ne cherche qu'à faire des heureux. *Ainsi soit-il.*